Mi primer libro de

animales

Todo lo que quieres saber de tus animales preferidos

Escrito por: Zeshan Akhter
Ilustrado por: Jean Claude, Livi Gosling,
Kaja Kajfez, Charlotte Milner, Marc Pattenden,
Sandhya Prabhat, Kate Slater, Sara Ugolotti

Contenidos

Mamíferos

Zorro

Los mamíferos tienen **pelo**. Cuando son pequeños, beben **leche** de su madre.

Reptiles

Serpiente

Los reptiles tienen **escamas** o **placas** duras sobre el cuerpo. La mayoría pone huevos.

Peces

Tiburón

Los peces viven en el agua y tienen **agallas**. La mayoría cuenta con **escamas** y **aletas**.

Árbol de la vida

El árbol de la vida ilustra la **relación** que hay entre los seres vivos y clasifica en grupos a los animales que se parecen.

Aves

Las aves tienen dos **alas**, un **pico** y dos **patas con garras**.

Loro

Anfibios

Los anfibios tienen la **piel lisa**, sin escamas, pelo ni plumas.

Rana

Invertebrados

Medusa

Los invertebrados **no tienen esqueleto** dentro del cuerpo.

Abeja

Todos los animales que no son invertebrados son **vertebrados**, es decir, tienen **columna vertebral**.

9 de cada 10 animales son invertebrados.

5

Hábitats

Los hábitats son los sitios donde viven los animales. En el mundo hay muchos hábitats diferentes. El hábitat de un animal es el **mejor lugar** para él.

Montaña

Algunos animales viven en las montañas, a menudo con un clima duro.

Bosque o jungla

Estos lugares llenos de vegetación pueden ser arboledas o selvas tropicales.

Polos

Los hábitats polares son fríos, están llenos de nieve y rodeados por el mar helado.

Océano

Los océanos son unas grandes áreas de agua salada que cubren buena parte del planeta.

Pradera

La hierba y a veces las flores cubren estos grandes espacios abiertos.

Desierto

Los desiertos son lugares cálidos o fríos en los que apenas llueve.

Cadenas alimentarias

La cadena alimentaria muestra cómo consiguen la **energía** los seres vivos a través de la comida. Todos los animales, ya sea porque comen o porque se los comen, forman parte de una cadena alimentaria.

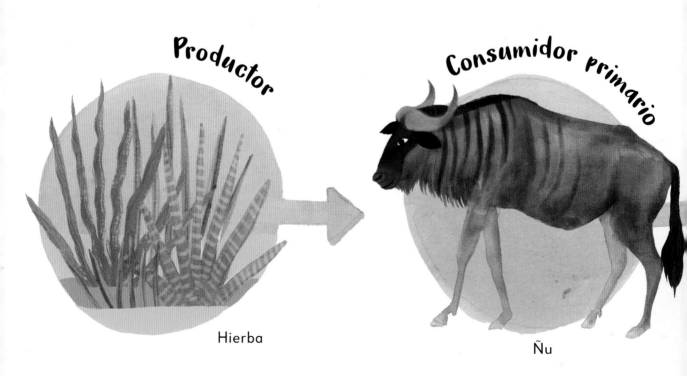

Productor

Hierba

Consumidor primario

Ñu

El productor **crea su propia comida** utilizando luz solar y agua.

No pueden producir su propia comida. Se alimentan de **plantas**.

Dietas animales

Los animales se dividen en tres grandes grupos según su dieta: los carnívoros comen carne, los herbívoros comen plantas y los omnívoros comen ambas cosas.

Carnívoro   **Herbívoro**   **Omnívoro**

Consumidor secundario

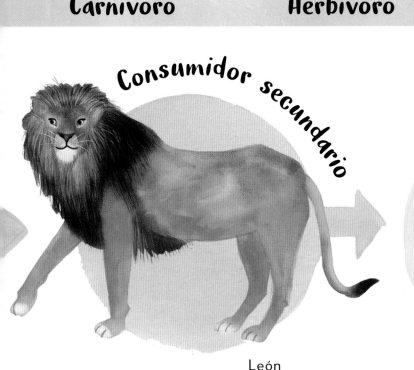

León

Descomponedor

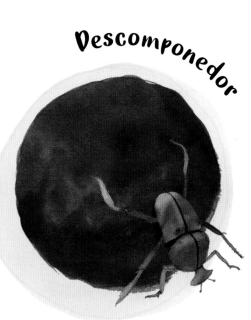

Escarabajo
pelotero

Estos **predadores** cazan consumidores primarios y se los comen.

Los descomponedores comen **caca**, plantas y animales **muertos**.

Mamíferos

Desde los diminutos ratones hasta las gigantes ballenas, los mamíferos se mueven por tierra firme o nadan por el mar. Todos tienen pelo, ¡algunos poco y otros mucho!

Grandes felinos

Estos felinos no son simples gatos, sino que son mucho más grandes, además de estar entre los animales **más rápidos** y **fuertes** del mundo.

Pelo rayado

Los tigres son los felinos más **grandes** y **fuertes**.

Las **zarpas** tienen afiladas **garras**.

Los leones adultos tienen una **melena** espesa.

Tigre

Los leones viven en **manadas**.

Los leones duermen hasta 20 horas al día.

León

12

Rabo corto

Orejas puntiagudas

El lince rojo se puede **encaramar** a los árboles.

Lince rojo

El **guepardo**, de piel moteada, es el animal más rápido: corre el triple de rápido que cualquier persona.

Guepardo

Patas potentes

Este gran felino vive en la jungla y el desierto.

Algunos grandes felinos **rugen** para ahuyentar a sus enemigos. Otros, en cambio, solo ronronean.

Puma

Otros grandes felinos

Casi todos los grandes felinos viven **solos**, salvo las madres que cuidan de sus **crías**.

Las motas de los leopardos se conocen como **rosetas**.

Los leopardos se ocultan en la hierba gracias a las **motas** de su piel.

Leopardo

Bigotes

Leopardo de las nieves

El **sigiloso** leopardo de las nieves también se conoce como el «fantasma de las montañas».

Los leopardos de las nieves viven en las frías laderas de las montañas.

14

Los jaguares pueden tener motas o ser negros.

Jaguar

Para buscar a sus presas los jaguares se encaraman a los árboles.

Los grandes felinos tienen una **vista** excelente y se mueven de forma muy **silenciosa**. Suelen cazar de noche, porque es cuando pueden acercarse a su presa con sigilo y saltarle encima.

A los felinos les gusta estirarse, sobre todo después de dormir.

Pantera negra

Dientes grandes y afilados

Gato

Hay muchos tipos de gatos: blancos, negros, moteados o a rayas. Estos adorables animales son unas fantásticas **mascotas**, porque son suaves y, cuando quieren, juguetones y mimosos.

Suelen tener **12 bigotes** en cada lado.

Pelaje moteado

Gato bengalí

Rayas en el pelo

Sus **patas** son muy sensibles y pueden notar objetos diminutos.

Gato romano

Los gatos tienen un **oído** muy fino y una **vista** excelente: ven muy bien en la oscuridad.

Pelaje negro brillante

Gato Bombay

Pelaje claro

Cola oscura

Gato siamés

Pelo largo y blanco

Pelo corto y grueso

Cola peluda

Gato persa

Gato británico de pelo corto

Los gatos ronronean cuando están felices y tranquilos.
¡Miau!

Perro

Pelaje largo,
espeso y cálido

Pelo
dorado

Labrador

Cuerpo
largo y
fino

Patas cortas

Salchicha

Bobtail

A los perros, sean del tamaño que sean, les encanta salir a **pasear**, comer chuches, perseguir juguetes y recibir caricias.

Muchos perros son muy buenas mascotas porque son agradables y mimosos. Y son unos animales muy **fieles**.

Pelo suave y esponjoso

Collie

Pelo blanco con manchas negras

Los galgos son los perros más **rápidos**.

Cuerpo esbelto

Dálmata

Galgo

Estas inteligentes criaturas se hablan con **ladridos**. ¡Guau, guau!

Lobo

Los lobos viven en grupos conocidos como manadas. Para hablar entre ellos **aúllan**. Sus aullidos suenan muy fuerte y se oyen desde muy lejos.

¡Auuu!

Los lobos suelen salir a cazar de **noche**.

Tienen **dos capas** de pelo para conservar bien el calor.

Gracias al pelo blanco, el lobo ártico se camufla en la nieve.

El **fenec** es muy pequeño, pero tiene unas orejas enormes.

Casi todos los zorros tienen una cola larga y peluda.

Zorro

Los zorros salen a buscar comida de noche. Tienen un **oído** muy fino, una vista fantástica y un gran sentido del olfato.

Dingo

Los dingos, que parecen perros, viven en gran parte de Australia. Corren rápido, **saltan mucho** y excavan con destreza.

Orejas puntiagudas

¡Los dingos pueden saltar más del doble que su propia altura!

Patas blancas

Su pelo impermeable y espeso las ayuda a conservar el calor.

La nutria marina baja a gran profundidad para buscar comida.

Nutria marina

Estas nadadoras peludas viven en el océano. Les encanta **flotar** con las patas hacia arriba y echarse siestas al sol. A veces usan rocas para **romper** mariscos y comerse su interior.

Les chiflan los erizos de mar.

Tejón

Los tejones excavan **madrigueras** bajo tierra y llenan el suelo de hierba para que sean más agradables.

No tienen muy buena vista, pero usan las **orejas** y el **hocico** para orientarse.

Hummm, ¿a qué huele?

¡Cuidado! La mofeta **dispara un chorro** apestoso por el trasero.

Mofeta

Las mofetas comen de **todo**. Incluso llegan a hurgar en la basura para buscar comida.

Largos bigotes

Los dientes largos se llaman **colmillos**.

Tienen cuatro aletas.

Bajo la piel tienen una gruesa capa de **grasa** que las ayuda a conservar el calor.

Morsa

Las morsas no tienen una vida fácil: deben nadar en un mar gélido para encontrar comida y después ayudarse de las **aletas** y los **colmillos** para poder salir del agua.

Foca

Su pelo espeso conserva el calor.

Bajan a gran profundidad en las aguas gélidas para encontrar peces para comer. ¡Por suerte aguantan hasta media hora sin respirar!

Cuando no nadan, les gusta tumbarse en las rocas y echarse una siesta al sol.

Los bigotes las ayudan a detectar las cosas que hay a su alrededor. _____

25

Oso pardo

Los osos pardos se pasan el invierno durmiendo en su madriguera. Es la **hibernación**. Lo primero que hacen al despertarse es darse un atracón de plantas y peces.

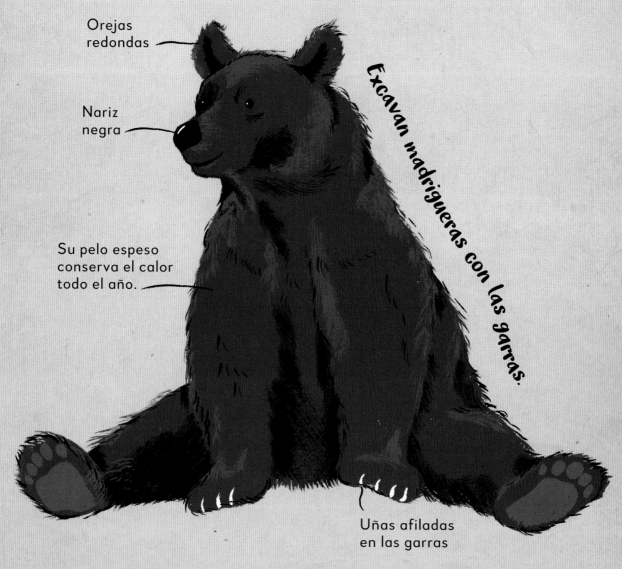

Orejas redondas

Nariz negra

Su pelo espeso conserva el calor todo el año.

Excavan madrigueras con las garras.

Uñas afiladas en las garras

El pelaje blanco los ayuda a camuflarse en la nieve.

El bebé del oso es el **osezno**.

Usan las **garras** para aferrarse al hielo y atrapar focas.

Oso polar

Estas enormes bestias viven por el Ártico,
el mar **helado** del norte del planeta.
Bajo el deslumbrante pelo blanco,
su piel es de color negro.

Panda gigante

La comida favorita del panda gigante es el **bambú**, así que, claro, ¡viven en bosques de bambú! Estos orondos **OSOS** se pasan casi todo el día comiendo.

Ñam, ñam

Orejas negras y redondas

Ojos con círculos negros

Cortan el duro bambú con sus dientes afilados.

Uñas

28

Pelo naranja

Orejas
pequeñas

Cola peluda

Bigotes

Los pandas rojos viven a gran altura, en bosques de montaña.

Panda rojo

Los pandas rojos pasan casi todo el tiempo en los árboles. Su larga cola con anillas les sirve para mantener el **equilibrio** cuando se escabullen entre las ramas.

Rinoceronte

Los rinocerontes viven en lugares calurosos.
Se refrescan chapoteando en **charcos de barro**, lo que evita que el sol les queme la piel.

Piel gris
y gruesa

Los rinocerontes son muy grandes y fuertes,
y pueden enfadarse mucho. Para pelear usan
el **cuerno del hocico** a modo de arma.

Es el segundo animal terrestre más grande.

Bebé rinoceronte
con su mamá

Solo comen
hierba y plantas.

Caballo

Los caballos son fuertes, poderosos y pueden ir a gran velocidad. Todos tienen una **crin** espesa, una **cola** larga y unos **cascos** duros en las patas.

La **crin** les crece en la parte superior del cuello.

Los caballos pequeños, como este, se conocen como **ponis**.

Poni de Shetland

Casco

Los caballos menean la **cola** para espantar a los insectos.

Pueden ir lentos **al paso**, **trotar** un poco más rápido, lanzarse **a medio galope** y **galopar** a toda velocidad.

Caballo

Cebra

A simple vista, las cebras, esa especie de caballos rayados, parecen todas iguales, pero cada una tiene un pelaje con un patrón único de **rayas** blancas y negras.

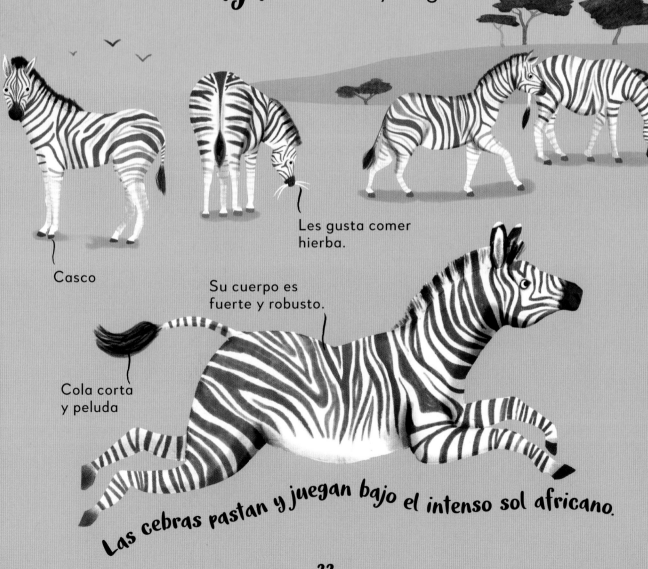

Casco

Les gusta comer hierba.

Su cuerpo es fuerte y robusto.

Cola corta y peluda

Las cebras pastan y juegan bajo el intenso sol africano.

Yak

Los yaks viven en las montañas altas, donde no hay mucho oxígeno. Sus grandes **pulmones** los ayudan a respirar. Les encanta comer hierba y recorren grandes distancias para encontrarla.

Su pelaje impermeable de lana lo mantiene seco y caliente.

Largos cuernos

Cola larga

Cascos

Usan los cuernos para apartar la nieve y buscar comida.

Ciervo

Los ciervos comen hojas y hierba. Los machos tienen **cornamentas**. Se les caen al llegar el invierno, pero les vuelven a crecer a la primavera siguiente.

Su **cornamenta** es de hueso.

Pelo moteado

Patas fuertes para correr y saltar

Las grandes cornamentas **impresionan** a otros ciervos.

Alce

Los alces, fornidos y peludos, son los ciervos más **grandes**. Por curioso que parezca, ¡pueden nadar!

Cola corta

Este colgajo de piel peluda es la papada.

Pelaje espeso

35

Búfalo

Un solo rebaño de búfalos puede estar compuesto por **miles** de estos robustos animales. ¡Ser tantos los ayuda a mantenerse a salvo del posible ataque de otros animales!

Al búfalo le crecen los cuernos en la frente.

Cuernos curvados

Orejas caídas

Vaca

Espalda recta

Las vacas son animales **tranquilos** y robustos. Viven en grupo y pasan casi todo el tiempo pastando.

¡Muuu!

El estómago de la vaca tiene **cuatro** partes para procesar la comida.

Las **ubres** producen leche para alimentar a los terneros, las crías de las vacas.

Vellón espeso y rizado

¡Beee!

Oveja

Estos animales lanudos suelen pastar en los prados. Viven en **rebaños**.

Camello

La joroba contiene grasa, que utiliza para sobrevivir durante semanas.

Dos capas de pestañas largas no dejan pasar el polvo ni la arena.

¡El camello puede beberse toda una **bañera** de agua de una vez!

Viven en **desiertos** cálidos y secos. Por suerte, pueden estar mucho tiempo sin beber. Tienen unas patas largas y fuertes.

Su lengua
es oscura y
pegajosa.

Jirafa

Son los animales
más **altos** del mundo.
¡Algunas son más
altas que una casa!
Viven en África.

Estos cuernos de
hueso se conocen
como **osiconos**.

Las jirafas
tienen **tres
corazones**.

Pelo dorado con
grandes manchas
marrones

Con su cuello tan
largo alcanzan
las sabrosas hojas
de las copas de los
árboles.

Alpaca

Tanto las alpacas como las vicuñas y las llamas viven en las montañas de **Sudamérica**.

Con la lana de la alpaca se hacen jerséis.

Prácticamente solo comen hierba.

Cuerpo delgado, pero robusto

Las alpacas no viven en estado salvaje, sino que las crían los granjeros y forman **rebaños**. Parecen adorables, pero ¡mucho cuidado con sus coces!

40

Vicuña

Vagan libres por las laderas de las montañas. Corren mucho y tienen un pelo fino y suave.

Piernas delgadas

Orejas largas y curvadas

Llama

Son fuertes y suben sin problemas cuestas empinadas. Los habitantes de su hábitat rocoso las utilizan para transportar cosas.

Ballena

Estas criaturas marinas baten todos los récords de **buceo**. ¡Algunas pueden aguantar sin respirar hasta una hora!

Piel suave

Estas tiras, que se llaman también **ballenas**, filtran la comida del mar.

Ballena gris

Ballena azul

Hablan con chasquidos de la lengua, silbidos y cantos musicales.

Aletas largas para nadar deprisa

Yubarta

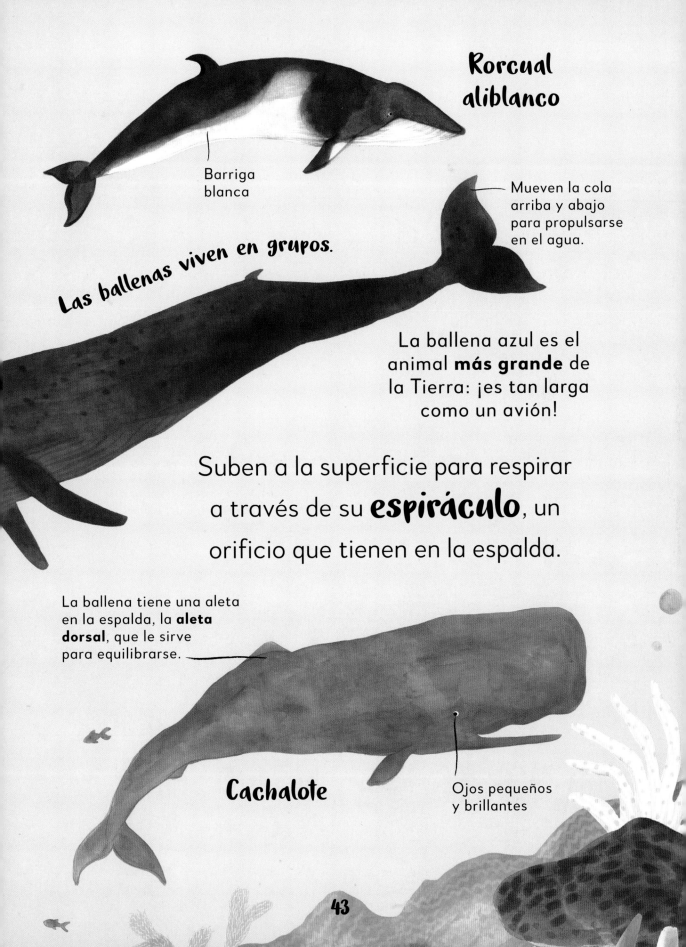

Rorcual aliblanco

Barriga blanca

Mueven la cola arriba y abajo para propulsarse en el agua.

Las ballenas viven en grupos.

La ballena azul es el animal **más grande** de la Tierra: ¡es tan larga como un avión!

Suben a la superficie para respirar a través de su **espiráculo**, un orificio que tienen en la espalda.

La ballena tiene una aleta en la espalda, la **aleta dorsal**, que le sirve para equilibrarse.

Cachalote

Ojos pequeños y brillantes

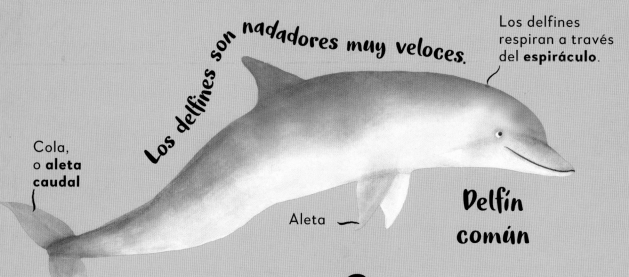

Los delfines son nadadores muy veloces.

Los delfines respiran a través del **espiráculo**.

Cola, o **aleta caudal**

Aleta

Delfín común

Delfín

Los delfines son listos y juguetones. Van juntos en grupos llamados **vainas**, se comunican con chasquidos y silbidos, y les encanta saltar fuera del agua.

Aleta dorsal para equilibrarse

La orca es el delfín **más grande**. ¡Puede pesar más que tres coches juntos!

Piel suave

Orca

Narval

Los narvales viven rodeados de hielo en las gélidas aguas marinas. El pincho largo que tienen en la cabeza es un **colmillo**, un tipo de diente.

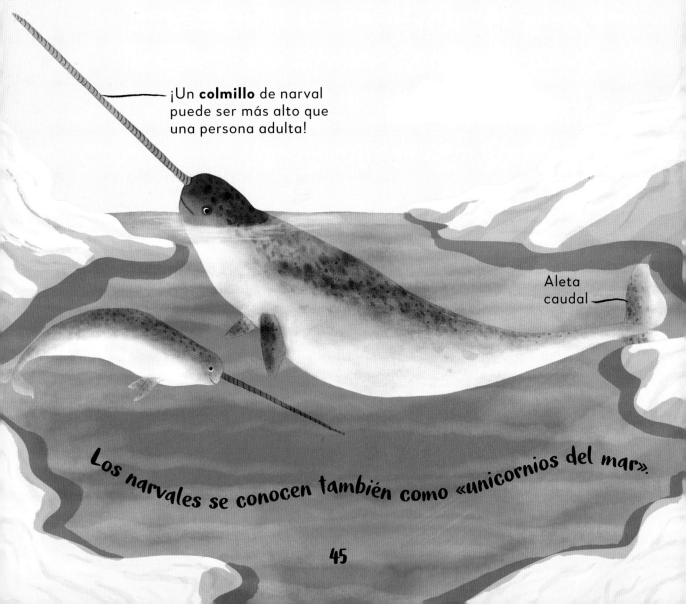

¡Un **colmillo** de narval puede ser más alto que una persona adulta!

Aleta caudal

Los narvales se conocen también como «unicornios del mar».

Hipopótamo

Los fornidos hipopótamos pasan gran parte del día tranquilos en el agua, para estar más frescos en el clima **caluroso** que azota sus praderas.

Piel gruesa

Son herbívoros, así que les encanta la hierba.

¡Grrr, grrr!

¡Grrr, grrr!

46

Los hipopótamos son muy **protectores** con sus familias y usarán los dientes como arma si se sienten amenazados.

Los hipopótamos viven en manadas.

El hipopótamo apenas tiene pelo en el cuerpo.

Un bebé hipopótamo se acerca al agua.

Los enormes dientes parecen colmillos.

Murciélago

Son los únicos mamíferos que **vuelan**. Salen de noche a buscar comida.

Garra con pulgar

Tiene los ojos rodeados de pelo y parece que lleve gafas.

Zorro volador de anteojos

Alas anchas para volar rápido

Los **megamurciélagos** son los más grandes. Comen fruta, néctar o polen.

Murciélago egipcio de la fruta

Murciélago de nariz de tubo

Nariz larga en forma de tubo

Usan el sonido para buscar comida. Es lo que se conoce como ecolocalización.

Alas
anchas

Pelo pardo
y esponjoso

**Murciélago
ribereño**

Los murciélagos más pequeños se
conocen como **micromurciélagos**.
Comen sobre todo insectos.

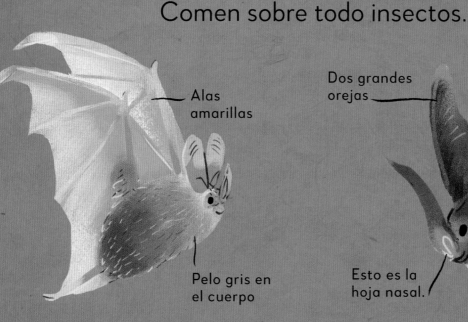

Alas
amarillas

Pelo gris en
el cuerpo

**Murciélago de
alas amarillas**

Dos grandes
orejas

Esto es la
hoja nasal.

**Murciélago nariz
de espada**

Erizo

El erizo se enrolla en forma de bola cuando tiene miedo.

Estos pinchos puntiagudos son las **púas**

Los erizos son unos pequeños animales cubiertos de pinchos. **Duermen** de día y salen de noche a buscar comida.

Hocico largo para detectar comida

Les encantan las **bayas**, pero también comen escarabajos y orugas.

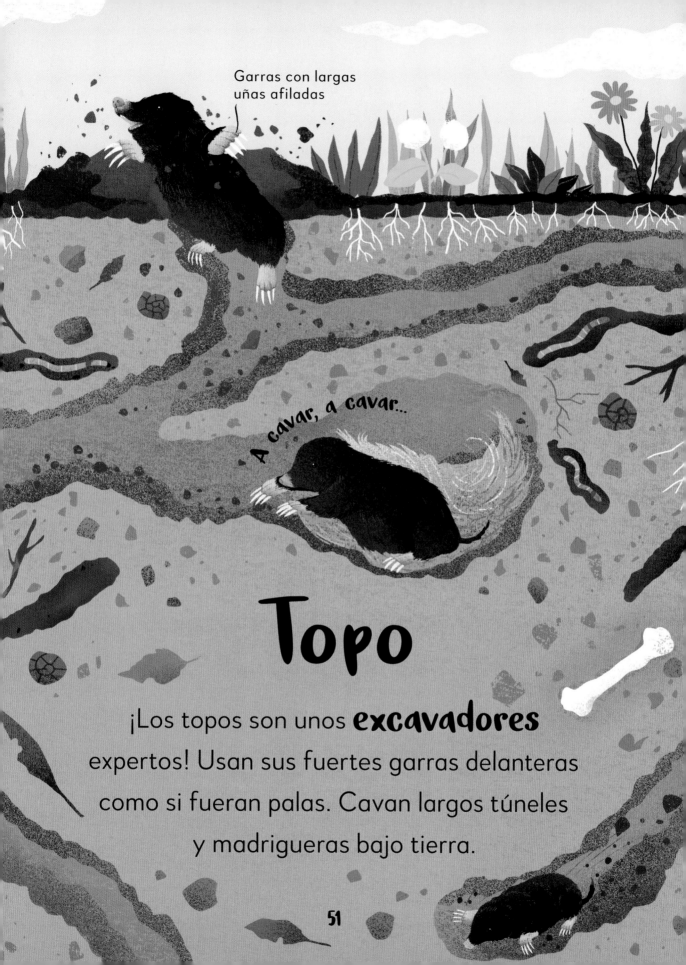

Garras con largas uñas afiladas

A cavar, a cavar...

Topo

¡Los topos son unos **excavadores** expertos! Usan sus fuertes garras delanteras como si fueran palas. Cavan largos túneles y madrigueras bajo tierra.

Conejo

Los conejos viven en madrigueras subterráneas. Cuando salen a la superficie, **saltan** de aquí para allá y comen plantas.

Algunos conejos son cariñosos y mimosos. Son unas **mascotas** excelentes.

Cola redonda y esponjosa

Pelo suave

Orejas largas

Bigotes

Los dientes y las uñas de los conejos nunca dejan de crecer.

Liebre

Como los conejos, tienen un **oído** excelente.

A veces las liebres deben huir de los predadores. Por suerte, corren a gran **velocidad**.

Liebre americana

Sus **grandes patas** le dan equilibrio en el hielo y la nieve.

Grandes orejas

Las liebres son **más grandes** que los conejos.

Sus patas traseras, largas y fuertes, les permiten **desplazarse** a toda velocidad.

Liebre de California

Roedores

Se les llama roedores porque ¡roen la comida con unos **dientes** afilados y puntiagudos que nunca dejan de crecerles!

Los carpinchos son los roedores **más grandes**. Son unos animales muy mansos.

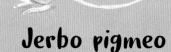

Jerbo pigmeo

Es el roedor **más pequeño** del mundo. Se mueve a saltos.

Carpincho

Bigotes

Los pequeños ratones pueden **saltar**, **trepar** e incluso **nadar**.

Ratón

Los castores construyen casas con ramas, palos y barro.

El castor tiene una cola que parece un remo.

Castor

Algunos roedores viven solos, pero muchos prefieren vivir en grupos y formar colonias subterráneas de **madrigueras**.

Las cobayas no tienen **cola**.

Cobaya

Patas muy cortas

Gorila

Los gorilas tienen el pelo negro y espeso.

Las familias de gorilas viven juntas en las preciosas selvas de África.

Patas fuertes y musculosas

Como nosotros, los gorilas pueden estar contentos o tristes.

¡Pum, pum! Se dan **golpes** en el pecho para mostrar que son grandes y fuertes, pero realmente son unos gigantes tranquilos: son felices comiendo hojas.

56

Orangután

Los orangutanes forman parte de una familia de animales conocida como grandes simios, que también incluye a los gorilas... ¡y a los humanos!

Brazos fuertes

Son unos **acróbatas** naturales. Para ellos, columpiarse y saltar de árbol en árbol es muy fácil.

Buen agarre

Estos grandes simios son muy **listos**. Usan herramientas para hacer cosas y construyen grandes nidos.

Mono

En el mundo hay cientos de tipos de monos.
Pueden desplazarse **columpiándose**
de rama en rama.

¡Uuh, aah, aah!

La cara se le pone
aún más roja
cuando se excita.

El mandril es el
mono **más grande**
de todos.

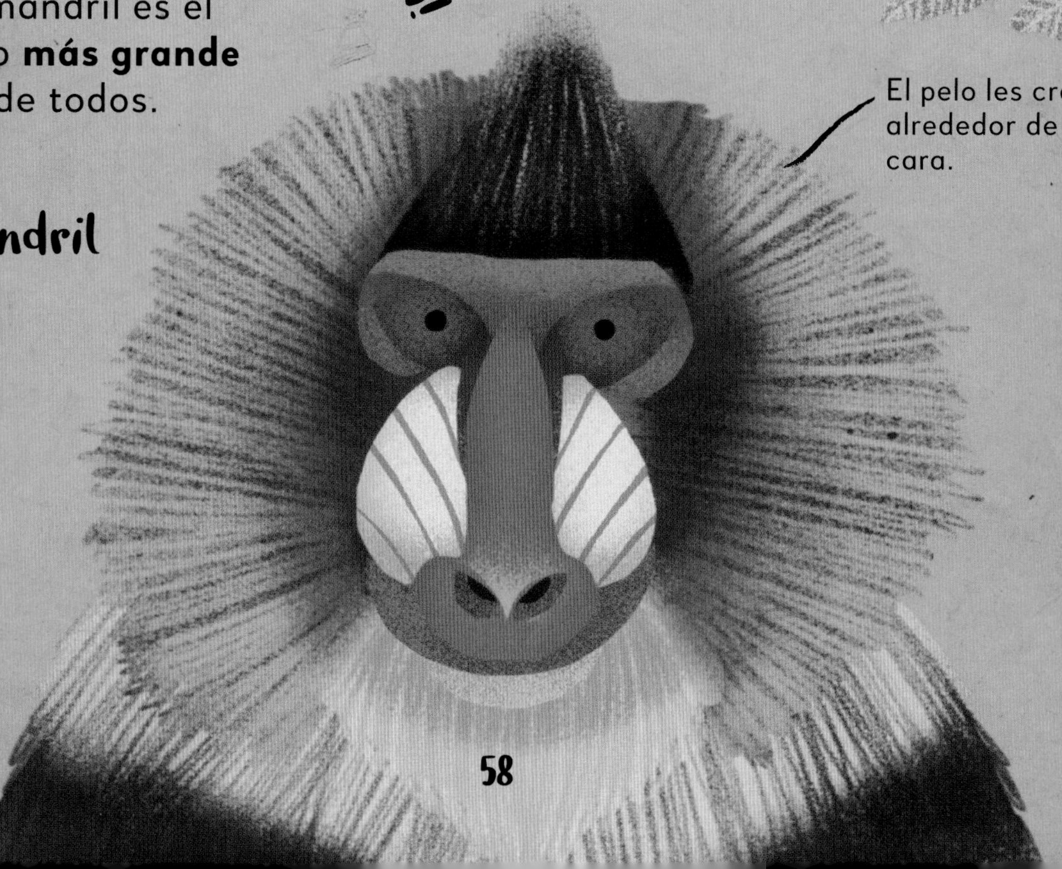

El pelo les crece
alrededor de la
cara.

Mandril

58

A algunos monos les gusta estar **en las alturas** de los árboles, mientras que otros bajan y van por el suelo de la selva.

Cercopiteco verde

Su comida favorita es la fruta, las hojas, los frutos secos y los insectos. ¡A los más jóvenes les encanta **jugar**!

Langur chato dorado

Los monos viven en grupos.

Tamarino león dorado

Perezoso

Viven en los árboles de la selva tropical y se alimentan de ramas y tallos. Se mueven muy despacio y pasan gran parte del día **durmiendo**.

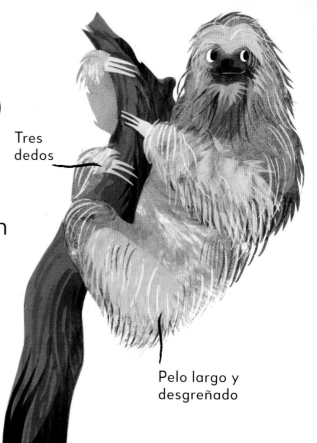

Tres dedos

Pelo largo y desgreñado

¡Los osos hormigueros comen miles de insectos al día!

Raya blanca

Pelo pardo espeso

Armadillo

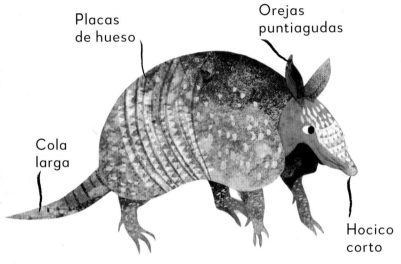

Placas de hueso

Orejas puntiagudas

Cola larga

Hocico corto

Están recubiertos de placas de hueso, una **armadura** que los protege de los predadores.

Oso hormiguero

Lengua fina

Los osos hormigueros no tienen dientes. Para comer, acercan el hocico a los hormigueros y sacan a los insectos con su lengua **pegajosa**.

61

Elefante

Los elefantes pueden vivir en muchos lugares diferentes, desde exuberantes humedales y selvas hasta áridas sabanas y desiertos. Por donde sea que **vayan**, los elefantes se cuidan mucho entre ellos.

Orejas grandes y móviles

Colmillos largos y curvos

Patas fuertes

La trompa del elefante no es más que una nariz larga. La usan para oler, recoger plantas y comérselas, e incluso como **tubo de buceo** para nadar.

Viven y se desplazan en grupos familiares.

Piel gris y gruesa

Bebé elefante

Marsupiales

Los peludos marsupiales tienen diversas formas y tamaños. La mayoría viven en **desiertos** secos, pero algunos habitan bosques y selvas tropicales.

Cuerpo compacto y pequeño

Uombat

Bigotes

Este bebé koala está protegido en la bolsa de su madre.

Koala

Son ágiles desde que dejan la bolsa de su madre.

Patas potentes para saltar

Canguro

A veces las zarigüeyas llevan a sus bebés a la espalda.

Zarigüeya

Orejas grandes y puntiagudas

Los ualabíes parecen canguros pequeños.

Cola larga y peluda

Ualabí

Motas blancas repartidas por el pelo

Dasiuro

Orejas pequeñas y redondas

El quokka tiene más o menos el tamaño de un gato.

Las mamás marsupiales tienen una **bolsa** especial en su barriga donde sus bebés crecen hasta que están listos para salir a explorar.

Quokka

Ornitorrinco

El ornitorrinco tiene pico de pato y cola de castor. Consigue su alimento bajo el agua. Es uno de los dos únicos mamíferos que **ponen huevos**.

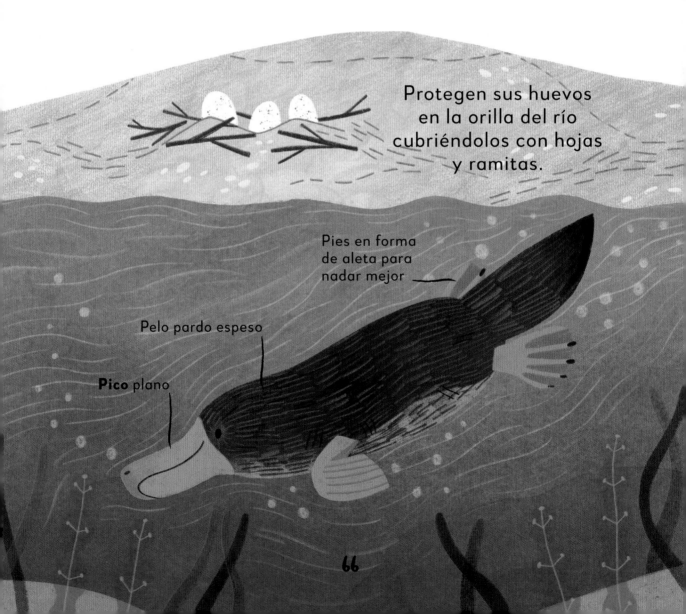

Protegen sus huevos en la orilla del río cubriéndolos con hojas y ramitas.

Pies en forma de aleta para nadar mejor

Pelo pardo espeso

Pico plano

66

Equidna

Los equidnas ponen huevos en lugar
de dar a luz a crías vivas. Los ponen de
uno en uno, y de cada huevo sale un
único **bebé** de equidna.

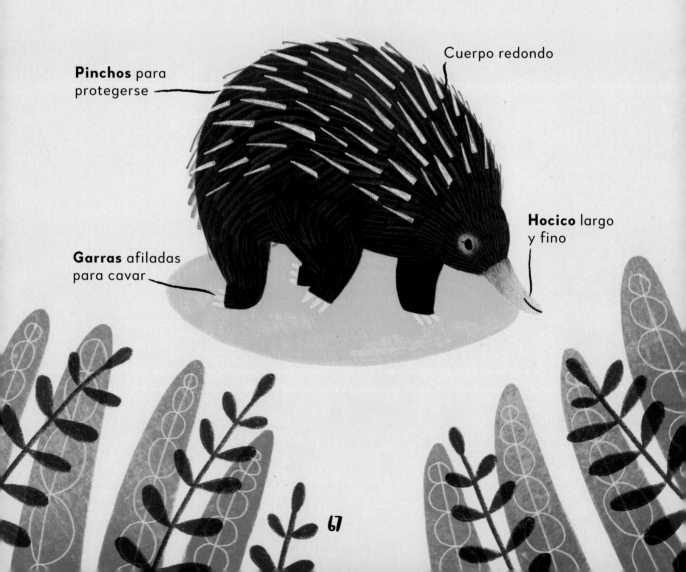

Pinchos para
protegerse

Cuerpo redondo

Hocico largo
y fino

Garras afiladas
para cavar

Aves

Todas las aves tienen plumas y dos alas;
muchas las usan para surcar los cielos.
Estas increíbles criaturas cantan, pían,
chillan y arrullan para hablar entre ellas.

Aves cantoras

Miles de aves se hablan de una manera muy **musical**. Se las conoce como aves cantoras. Cantan desde que sale el sol hasta que se pone.

Estornino soberbio

Azulillo sietecolores

¡Pío, pío!

Plumas rojas en el vientre

Plumas naranja alrededor del cuerpo

Obispo anaranjado

Pico pequeño y afilado

Herrerillo

Las aves cantoras se pueden **aferrar** a las ramas. Así evitan caer al suelo mientras duermen.

Su cara puede ser negra, roja o amarilla.

Cada una tiene su canto particular.

Diamante de Gould

Verdín frentidorado

Al tener el color de las hojas, se camufla muy bien entre los árboles.

Uñas en las patas

Mirlo

Pico curvado

Garras afiladas

Plumas largas en la cola

Loro

Los loros viven en países cálidos y tropicales. Son aves inteligentes. ¡Pueden imitar la **voz humana**!

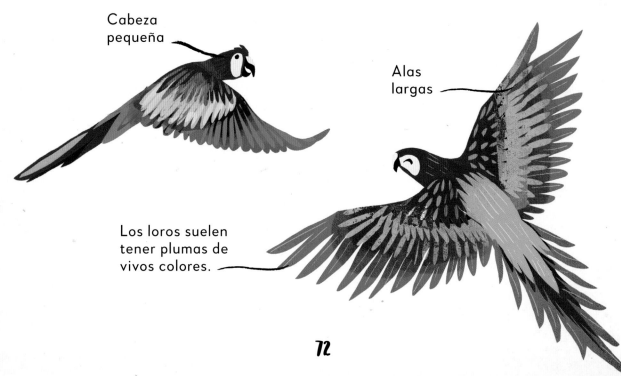

Cabeza pequeña

Alas largas

Los loros suelen tener plumas de vivos colores.

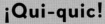

¡Qui-quic!
Las cacatúas emiten un graznido agudo y potente. Lo hacen cuando se aburren o para avisar a otras cacatúas de algún peligro.

Cresta con plumas amarillas

Cacatúa

Pico corto y afilado

Las cacatúas son un tipo de loro. Listas, juguetonas y **ruidosas**, les encanta pasar horas con otras cacatúas y viven juntas en bandadas.

Alas

Esta es blanca, pero también las hay negras, grises o rosas.

Tucán

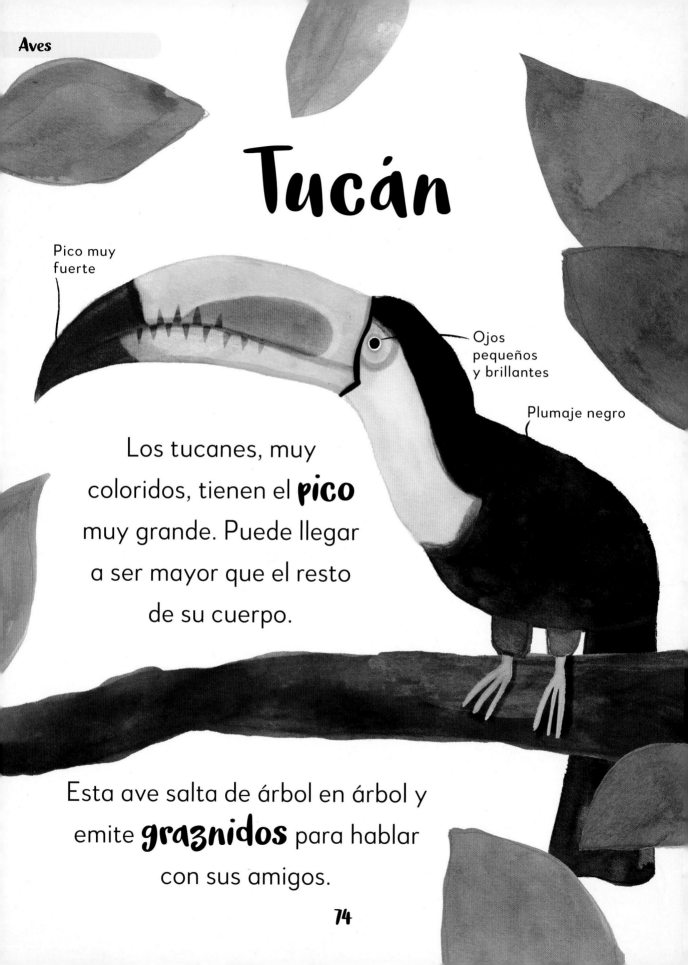

Pico muy
fuerte

Ojos
pequeños
y brillantes

Plumaje negro

Los tucanes, muy
coloridos, tienen el **pico**
muy grande. Puede llegar
a ser mayor que el resto
de su cuerpo.

Esta ave salta de árbol en árbol y
emite **graznidos** para hablar
con sus amigos.

74

Carpintero

Los carpinteros usan su duro pico para **taladrar** agujeros en los troncos.

Pico fuerte y afilado

¡Tap, tap, tap, tap, tap!

Plumas rígidas en la cola

Lo hacen para construir su **nido** y para buscar insectos para comer.

Martín pescador

¡Zum!

Con su precioso plumaje azul y naranja, se lanzan sobre riachuelos y arroyos para atrapar peces.

Fíjate en su chillido agudo: **«¡Pip, pip!»**.

El pico en punta perfora el agua.

Plumas azules en el ala

Las cucaburras comen lagartos y ranas.

Franja de plumas grises en el ala

Plumas pardas y cortas en la cola

Pico grande

Cuerpo gris

Cucaburra

Antes de ver a una cucaburra, primero la oirás. Pese a su **carcajada estridente**, son realmente muy tímidas. Viven en los árboles de los bosques de Australia.

Rapaces

Estas increíbles criaturas son unas aves voladoras grandes, fuertes y muy rápidas. Tienen garras afiladas y una vista soberbia. Por todo ello, no sorprende que sean unas expertas **cazadoras**.

El ave rapaz **más grande**

Cuando despliega del todo sus **alas**, tiene más envergadura que una persona adulta.

Cóndor andino

El milano real gira suavemente la cola ahorquillada para conservar el **equilibrio** en pleno vuelo.

Milano real

Pigargo cabeciblanco

Plumas blancas en la cabeza

Los pigargos cabeciblancos cazan peces, serpientes y pequeños mamíferos.

Halcón peregrino

Ojos grandes

Cuando se lanza en picado, el halcón peregrino es **más rápido** que cualquier otro animal.

Los buitres se alimentan de animales **muertos**.

Cabeza sin plumas

Garras afiladas con **espolones**

Las rapaces se lanzan **en picado** para atrapar a sus presas en el agua, el suelo o incluso en pleno vuelo.

Buitre real

Búho

Estas rapaces son **nocturnas**; es decir, duermen de día y solo están despiertas de noche.

Búho nival

Los búhos pueden volar **en silencio** porque sus alas son muy suaves.

Búho virginiano

Alas redondeadas

Lechuza común

Plumas pardas

Los búhos reales son los más grandes del mundo.

Plumas pequeñas
y suaves en la
punta del ala

Búho real

**Mochuelo de
los saguaros**

Ojos
enormes

¡Esto no son cuernos
de verdad! Son
penachos de plumas.

Patas
cortas

Los búhos no pueden
mover los ojos hacia
los lados, pero pueden
darle una **vuelta** casi
completa a la cabeza, así
que tienen una fantástica
vista panorámica.

81

Pingüino

La mayoría de los pingüinos viven en la gélida Antártida. **Caminan** por el hielo o se deslizan estirados sobre el vientre.

Cresta amarilla

El pingüino emperador es el **más grande** del mundo.

Pingüino de penacho anaranjado

Los **polluelos** están cubiertos de unas plumas muy suaves.

Pingüino emperador

82

Raya blanca

Plumas negras en la barba

Pingüino barbijo

Pajaro bobo de corona blanca

Los pingüinos tienen **aletas** que usan para nadar y sumergirse para atrapar su comida favorita: ¡los peces!

Hay 18 tipos distintos de pingüinos.

El **pico** afilado y largo les sirve para atrapar peces.

Ojos con círculos blancos

Pingüino rey

Pingüino de Adelia

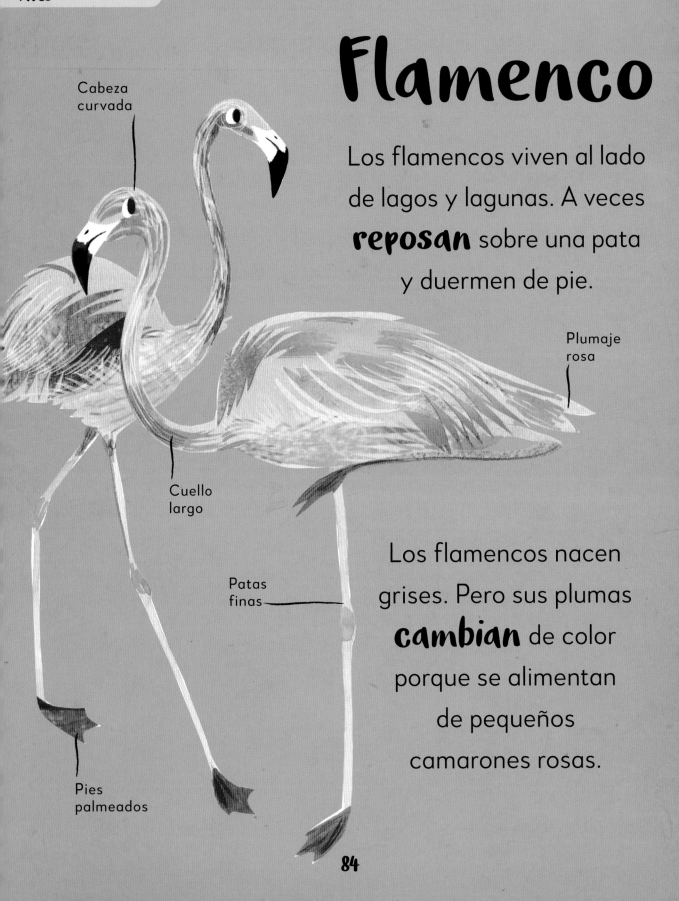

Flamenco

Los flamencos viven al lado de lagos y lagunas. A veces **reposan** sobre una pata y duermen de pie.

Cabeza curvada

Plumaje rosa

Cuello largo

Patas finas

Pies palmeados

Los flamencos nacen grises. Pero sus plumas **cambian** de color porque se alimentan de pequeños camarones rosas.

84

Aves acuáticas

Las aves acuáticas están casi siempre **nadando** por charcas o descansando en la orilla del río. Se alimentan de plantas, peces, insectos y gusanos.

Se desplazan por el agua usando las patas como si fueran **remos**.

Cuello largo y curvado

Plumas pardas en el ala

Cisne

Pato

Ganso

Pies palmeados

El pavo real tiene una cola majestuosa.

Cada pluma tiene un ojo.

El pavo real macho abre las plumas para atraer a las hembras.

Pavo real

La cola de los machos puede llegar a tener hasta 200 plumas de **colores brillantes**; el cuerpo de las hembras, en cambio, es de tono pardo.

Gallo y gallina

¡Co, co, co! Las gallinas y los gallos viven en granjas. Puede que los hayas visto paseándose o picando semillas y gusanos del suelo.

Los **gallos** son los machos y cada mañana se despiertan cantando.

¡Quiquiriquí!

Cresta

Las hembras son las **gallinas**. Ponen los huevos de los que nacen los polluelos.

Ambos tienen **alas**, pero no son precisamente maestros del vuelo.

Kiwi

Los kiwis tienen unas alas tan pequeñas que no les sirven para **volar**. Quedan ocultas bajo su plumaje.

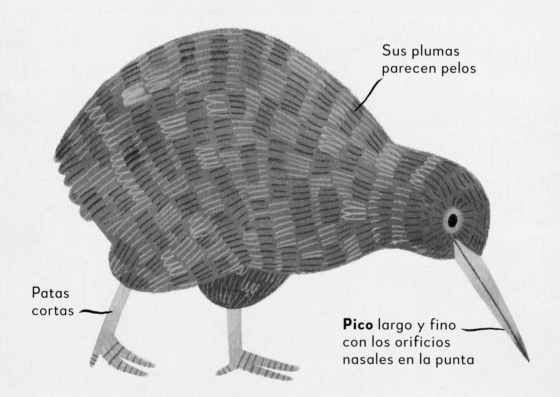

Sus plumas parecen pelos

Patas cortas

Pico largo y fino con los orificios nasales en la punta

Los kiwis caminan mientras **olisquean** el suelo. Pueden detectar cualquier gusano moviéndose bajo tierra.

Pico
pequeño

Cuello fino
y curvado

Es la única ave con dos dedos en cada pata.

Plumas blancas
y negras en las
alas

Patas
largas

Avestruz

Los avestruces viven en el desierto y
la sabana. Son las aves más grandes
del mundo. No pueden volar, pero
corren muchísimo.

Reptiles

Los reptiles se arrastran, serpentean, nadan y reptan por tierra y agua. Muchos de estos animales de sangre fría tienen una piel colorida y llena de escamas.

Cocodrilo

Estos poderosos predadores son los reptiles más grandes del mundo. ¡Pueden llegar a ser más largos que tres personas adultas estiradas una tras otra!

Hocico en forma de V

Dientes largos y afilados

El cocodrilo es el animal que **muerde** con más fuerza.

Los cocodrilos comen peces, aves y algún mamífero.

Los caimanes ven bien de **noche**.

Caimán

Viven en ríos, manglares, ciénagas, lagos y marismas. Tienen fuertes mandíbulas con una hilera de dientes en forma de **cono**.

No mastican, sino que se **tragan** a sus presas enteras.

Aligátor

Piel escamosa de color oscuro

Los aligátores tienen el hocico en forma de U.

Los aligátores solo viven en zonas de **agua dulce**, como ríos y ciénagas.

Lagarto

Los lagartos son muy listos. Algunos pueden cambiar el color de la piel y otros pueden deshacerse de la **cola** para escapar de sus predadores.

Rayas blancas y negras en el cuello

Lagarto de collar

Cinco dedos

Cresta verde en la espalda

Basilisco de doble cresta

Cola a rayas

Lagarto de cola de cebra

94

Iguana
común

Cola móvil

Dedos con **uñas** afiladas para escalar

La **lengua** de las iguanas es **pegajosa**, ideal para atrapar moscas al vuelo.

Iguana

Las iguanas son un tipo de lagarto. Les encantan los insectos. ¡Algunas pueden estar bajo el agua media hora **sin respirar**!

Escamas azules

Cresta de pinchos en la espalda

Iguana azul

Camaleón

Los camaleones son unos lagartos muy coloridos. Casi todos pueden **cambiar** el **color** de la piel para camuflarse en el entorno o para mostrar su estado de ánimo.

Algunos tienen **cuernos** para defenderse.

Si se pone de color azul o gris, ¡está contento!

Camaleón de Jackson

Camaleón enano

Es el camaleón **más pequeño** del mundo.

96

Camaleón leopardo

Se aferran a las ramas con sus **garras**.

La cola larga y enroscada los ayuda a mantener el equilibrio.

Hay más de 150 tipos diferentes de estos reptiles. Viven en partes temperadas del mundo, como por ejemplo en África, y les encanta comer **insectos**.

Camaleón de Meller

Tiene la espalda protegida por **espinas**.

Las serpientes se enrollan a las ramas.

Tiras de **escamas** rojas y negras

Coral ratonera

Cuerpo largo y verde

Mamba verde

Serpiente

Las serpientes pueden reptar por **cualquier sitio**. ¡Incluso las hay que viven en el agua! Muchas tienen dientes afilados y veneno.

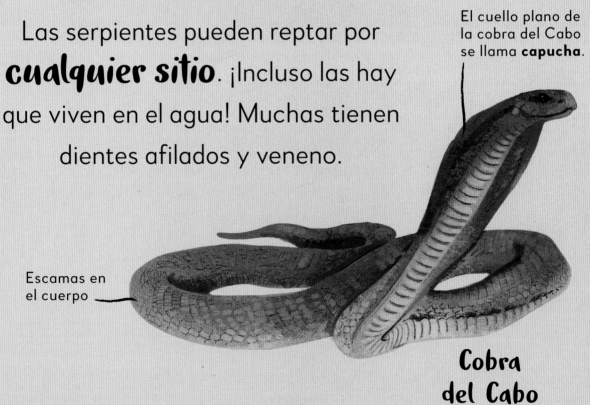

El cuello plano de la cobra del Cabo se llama **capucha**.

Escamas en el cuerpo

Cobra del Cabo

Las serpientes como esta se enroscan a su presa para **estrujarla**.

Ojos negros y pequeños

Boa constrictora

Cola roja

Su cola hace un ruido parecido al de un cascabel al moverse.

Las serpientes **cambian** la piel varias veces al año. Se deshacen de la piel vieja y una nueva capa ocupa su lugar.

Cascabel de los bosques

Cuerpo a rayas

Las serpientes pueden hacer un siseo al respirar.

Cascabel cornudo

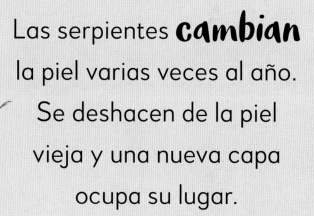

Se arrastra de lado.

Lengua bífida

Tortuga marina

Las tortugas marinas pasan gran parte de su tiempo en el agua y, al sumergirse, aguantan la **respiración**. ¡Algunas llegan a estar hasta siete horas bajo el agua mientras duermen!

Caparazón

Aletas largas

Los bebés se ocultan en las algas para que otros animales más grandes no se los coman.

Las tortugas viven unos 150 años.

Cuello largo

Tienen un **caparazón** protector duro.

Uñas en las patas

Tortuga de tierra

Las tortugas también pueden vivir en tierra firme. Ocultan la cabeza y las patas en el interior de su **caparazón** para protegerse de cualquier peligro.

Anfibios

Lo que hace especiales a los anfibios es
que al crecer pueden vivir en tierra firme o
en el agua. Estos animales ponen huevos y
muchos tienen la piel de colores vivos.

Sapo

Los sapos pueden tragarse moscas, caracoles y babosas con un rapidísimo **movimiento** de su lengua. Viven en lugares húmedos y se **acercan** a charcas y pantanos a poner huevos.

Los sapos hacen un sonido grave: «¡Crooooc!».

Piel seca y rugosa

Lengua larga y pegajosa

¡Croac, croac!

Ojos grandes

Patas delanteras cortas

Las puntas pegajosas de los dedos son ideales para agarrarse a las ramas.

Rana de ojos rojos

Las ranas **croan** para que las demás sepan dónde están.

Rana

Patas traseras grandes

Las ranas usan sus largas patas traseras para nadar y **saltar**. Ponen unos huevos diminutos en el agua, de los que salen los **renacuajos**.

Rana de bosque

Pies palmeados para nadar rápido

Salamandra

Algunas salamandras respiran por la piel.

Patas **palmeadas** para agarrarse mejor

¡Esta salamandra dispara **veneno** por la cola!

Las salamandras viven en lugares frescos y húmedos. Hacen el nido debajo de ramas, rocas y hojas. Estas criaturas **escurridizas** deambulan a cuatro patas en busca de comida.

Tritón

Si pierden una pata o la cola, ¡les crece otra!

Cuerpo largo y fino

Los tritones son anfibios pequeños y viscosos. Les encanta nadar. Algunos respiran **bajo el agua** y otros, solo en tierra firme.

Su **piel** puede ser suave y húmeda o seca y rugosa. Les encanta vivir en charcas.

Peces

Los peces viven bajo el agua y respiran a través de branquias. La mayoría tienen escamas, cuerpos finos, y colas y aletas para desplazarse.

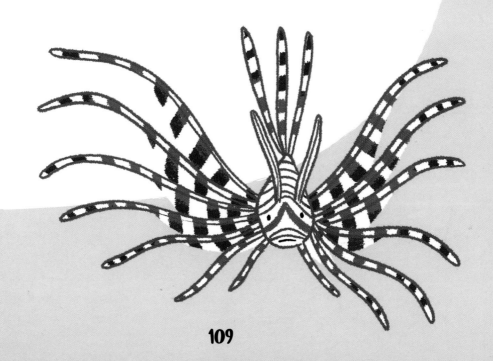

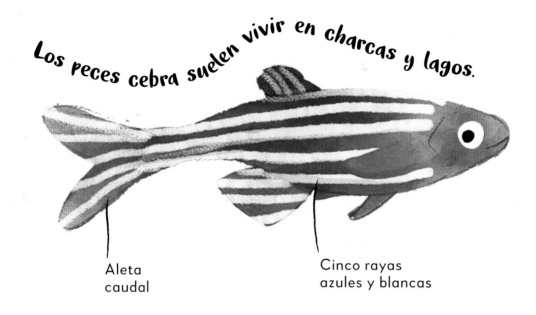

Los peces cebra suelen vivir en charcas y lagos.

Aleta
caudal

Cinco rayas
azules y blancas

Pez cebra

Estos peces reciben el nombre de cebra porque también tienen **rayas** sobre la piel escamosa. Si los hieren, los peces cebra pueden regenerar la piel, las aletas, el corazón y el cerebro.

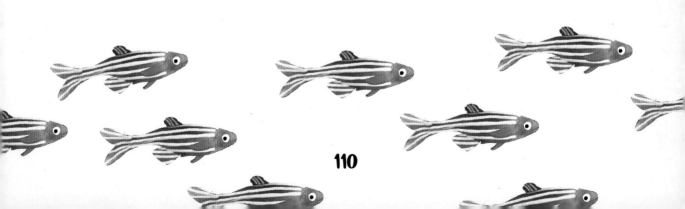

110

Pez león

Los peces león viven en aguas cálidas. Las **espinas** de la espalda tienen **veneno** para protegerlos de los predadores. El pez león es nocturno y por eso solo está despierto de noche.

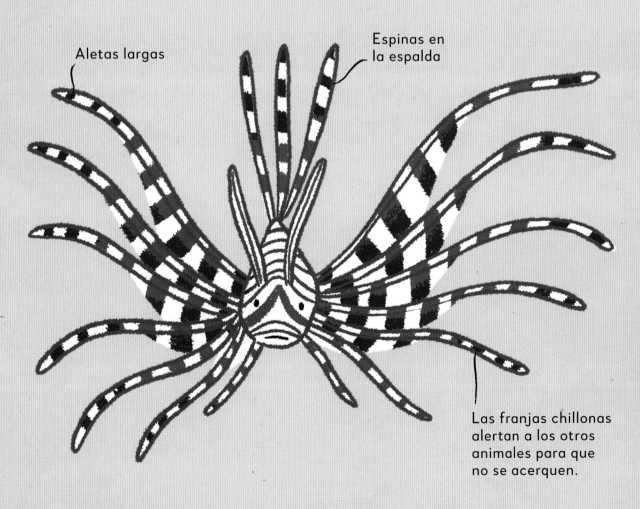

Aletas largas

Espinas en la espalda

Las franjas chillonas alertan a los otros animales para que no se acerquen.

Caballito de mar

Los caballitos de mar viven en aguas poco profundas. Nadan en posición **vertical** y usan la aleta de la espalda para propulsarse en el agua.

Los caballitos de mar **enroscan** la cola en el coral o en las algas para que no se los lleve la corriente.

La forma de su cabeza recuerda la de un caballo.

Los bebés se llaman alevines.

Su cuerpo está cubierto de unas pequeñas placas con pinchos.

Hay algo que los hace muy especiales.
Al diferencia del resto de los animales,
es el papá el que hace que los huevos se
conviertan en bebés dentro de su cuerpo.

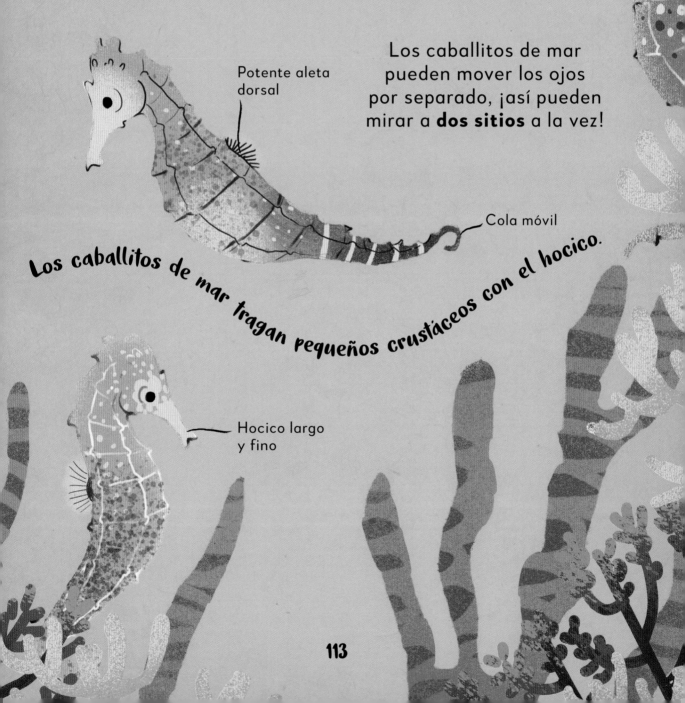

Potente aleta
dorsal

Los caballitos de mar
pueden mover los ojos
por separado, ¡así pueden
mirar a **dos sitios** a la vez!

Cola móvil

Los caballitos de mar tragan pequeños crustáceos con el hocico.

Hocico largo
y fino

Los tetras rayos X se agrupan en cardúmenes.

Aletas rayadas

Esqueleto de hueso

Tetra rayos X

Son casi transparentes. Fíjate bien y a través de sus **deslumbrantes** escamas verás la forma de su columna vertebral y el esqueleto.

Piraña

Las pirañas viven en grupos en ríos y torrentes. Tienen unos dientes **muy afilados** con los que devoran insectos, otros peces, gusanos y plantas.

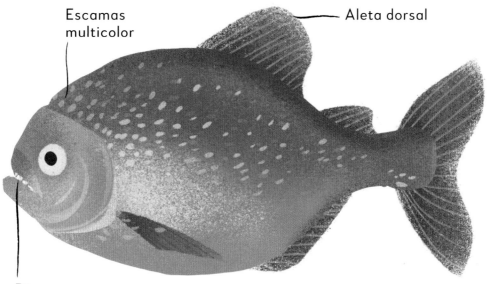

Escamas multicolor

Aleta dorsal

Dientes triangulares

A las pirañas les crecen dientes durante toda la vida.

Raya

Estas criaturas en forma de disco usan las aletas para avanzar por el agua. Las rayas tienen un **aguijón** venenoso en la cola que utilizan para ahuyentar a sus predadores.

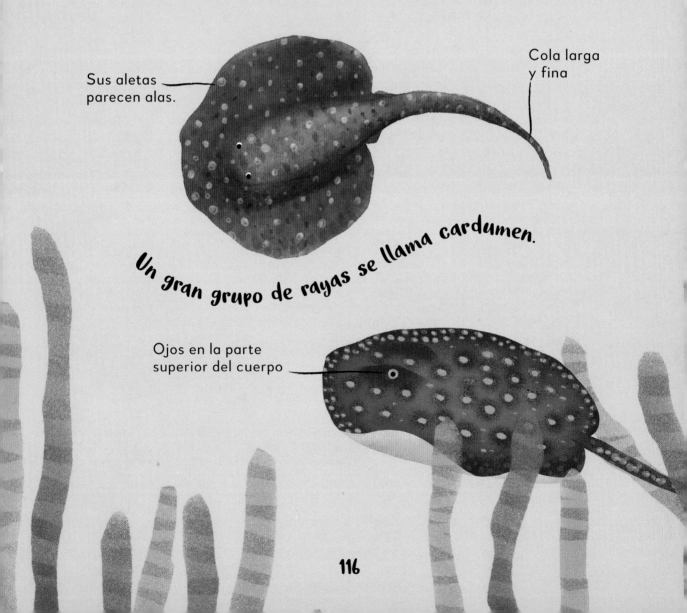

Sus aletas parecen alas.

Cola larga y fina

Un gran grupo de rayas se llama cardumen.

Ojos en la parte superior del cuerpo

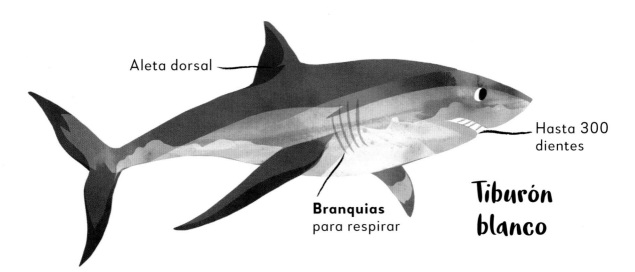

Aleta dorsal

Hasta 300 dientes

Branquias para respirar

Tiburón blanco

Tiburón

Hay cientos de tiburones distintos. Muchos de ellos tienen dientes afilados que utilizan para **atacar** a otros peces. Nadan rápido gracias a su cuerpo esbelto y sus potentes aletas.

Los animales más pequeños quedan atrapados en la **boca** abierta del tiburón.

Tiburón peregrino

Este **manso** tiburón no tiene dientes grandes.

Invertebrados

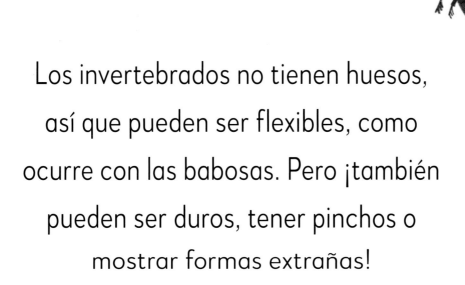

Los invertebrados no tienen huesos, así que pueden ser flexibles, como ocurre con las babosas. Pero ¡también pueden ser duros, tener pinchos o mostrar formas extrañas!

Los afilados pinchos los protegen de los predadores.

Cuerpo redondo

Erizo de mar

Los erizos de mar son redondos y están llenos de pinchos. Avanzan despacio por el lecho marino comiéndose las algas que encuentran. Bajo sus afilados pinchos tienen un duro **caparazón**.

Los erizos de mar viven entre rocas y algas.

Estas criaturas suelen vivir en grupos.

Estrella de mar

Las estrellas de mar viven en el **lecho** marino y se mueven con los miles de patas diminutas que tienen en sus **cinco** brazos.

Piel naranja moteada

Al final de cada brazo tiene un ojo.

Estrella de mar

Las estrellas de mar y las ofiuras no tienen cerebro.

Los finos brazos se rompen con facilidad.

Cuerpo redondo

Las ofiuras son como las estrellas de mar, pero con los brazos **más finos**.

Ofiura

Insectos voladores

Cuesta creer, pero estos insectos son superforzudos. Y es que tienen que serlo, porque baten las alas sin parar para mantenerse en el aire. Por eso emiten un **zumbido**.

Ojos grandes

Las hormigas voladoras son como las normales, pero ¡con alas!

Mosca

Todos los insectos tienen seis patas.

Hormiga voladora

Abundante pelo corporal

Abejorro

Las **abejas** vuelan de flor en flor para beberse su **néctar**.

Dos finas antenas —

Con las **antenas**, los insectos detectan lo que hay a su alrededor.

Patas largas

Patrón delicado en las alas

Mantis religiosa

Crisopa verde

Cintura estrecha

Hay millones de insectos voladores distintos. ¡Algunos de ellos tiene un **aguijón** para defenderse!

Avispa

Las avispas tienen el aguijón al final del cuerpo.

Mariposa

La mariposa nace como una pequeña **oruga**, se zampa todas las hojas que puede y empieza a cambiar de forma: primero como **crisálida** y después ya como una mariposa.

Cuerpo blando y suave

Piel decorada

Oruga

Las mariposas beben el **néctar** de las plantas y las flores. Tienen alas con bonitos dibujos y vuelan.

Dos alas a cada lado

Antenas largas para equilibrarse y oler las cosas

Mariposa

Libélula

Las libélulas son unas cazadoras acrobáticas capaces de atrapar a sus presas en pleno vuelo. Pueden volar en vertical o quedarse quietas en el aire, igual que un helicóptero.

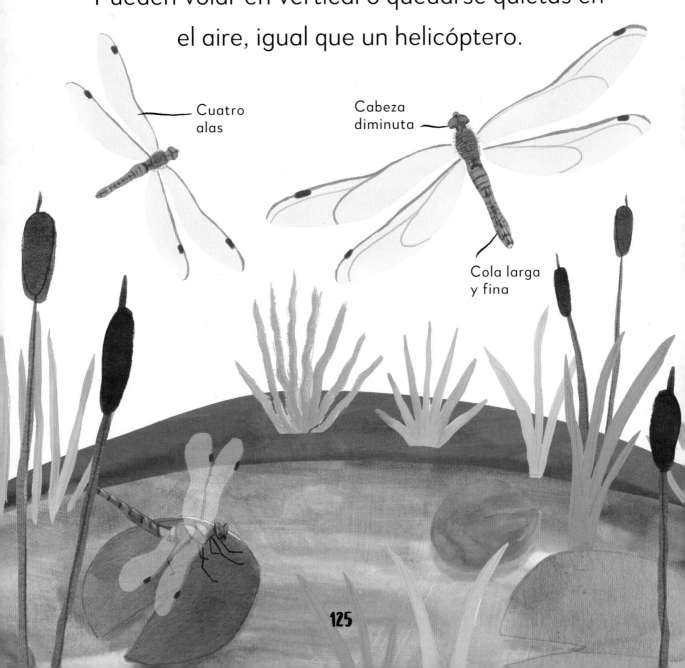

Cuatro alas

Cabeza diminuta

Cola larga y fina

Escarabajo

Los hay de todos los colores y están casi en cualquier lugar del planeta. Son de los mejores **limpiadores** de la naturaleza, pues muchos se alimentan de plantas y animales muertos.

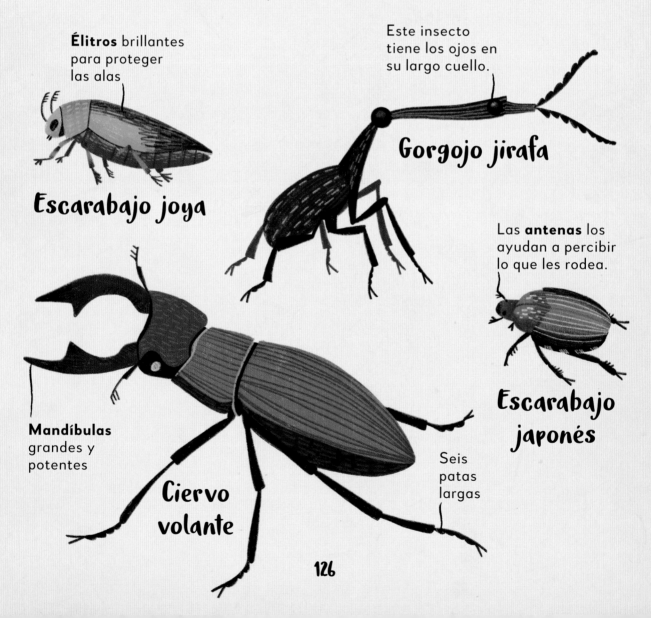

Élitros brillantes para proteger las alas

Este insecto tiene los ojos en su largo cuello.

Escarabajo joya

Gorgojo jirafa

Las **antenas** los ayudan a percibir lo que les rodea.

Escarabajo japonés

Mandíbulas grandes y potentes

Seis patas largas

Ciervo volante

Mariquita de veintidós puntos

Mariquita naranja

Los **puntos** de la mariquita advierten a otros animales que se mantengan alejados.

Seis patas cortas

Las alas quedan protegidas bajo los **élitros**.

Mariquita de dos puntos

Mariquita de siete puntos

Dos ojos diminutos

Mariquita de catorce puntos

Mariquita

Las mariquitas son escarabajos. Hay miles de tipos diferentes. Algunas no tienen puntos, y otras están llenas de ellos.

Escorpión

Los escorpiones son pequeños pero matones. Tienen ocho patas, dos grandes pinzas y un aguijón **venenoso** en la punta de la cola.

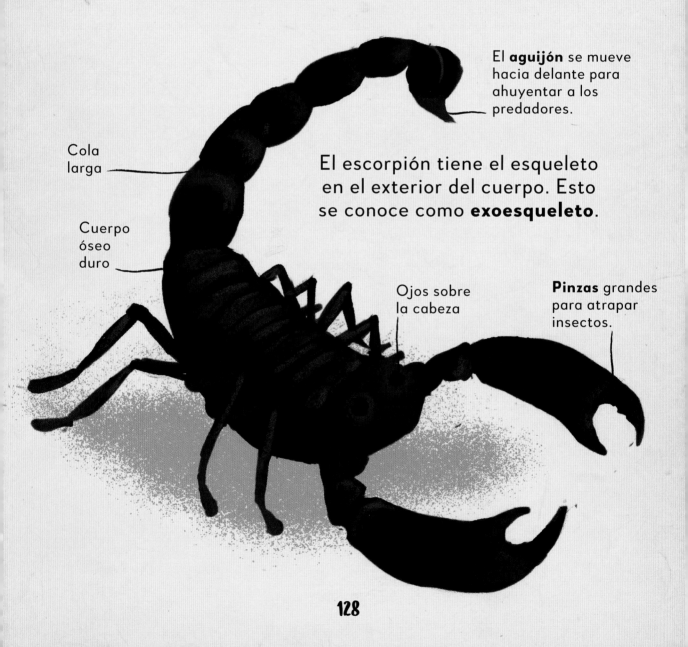

El **aguijón** se mueve hacia delante para ahuyentar a los predadores.

Cola larga

El escorpión tiene el esqueleto en el exterior del cuerpo. Esto se conoce como **exoesqueleto**.

Cuerpo óseo duro

Ojos sobre la cabeza

Pinzas grandes para atrapar insectos.

Araña

Hay arañas de múltiples formas, tamaños y colores. Todas tienen ocho patas, muchas tienen ocho ojos y algunas **tejen** pegajosas telarañas.

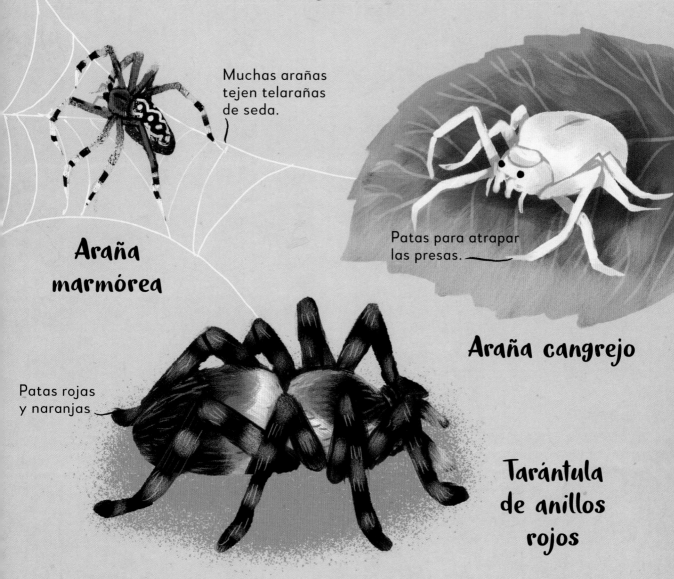

Muchas arañas tejen telarañas de seda.

Araña marmórea

Patas para atrapar las presas.

Araña cangrejo

Patas rojas y naranjas

Tarántula de anillos rojos

Cangrejo

Los cangrejos pueden vivir en tierra firme o en el mar. Con sus patas traseras se **mueven** de lado por la arena. Tienen dos pinzas en las patas delanteras para atrapar comida.

Un duro caparazón los protege de sus predadores.

Caparazón naranja

Diez patas

Pinzas grandes en las patas delanteras

130

Gamba mantis

¡La gamba mantis suelta fuertes **puñetazos**! Si otro animal se acerca demasiado, usa sus patas delanteras para pegarle.

Dos ojos enormes

Caparazón verde vivo

La gamba mantis esconde las patas delanteras si no las usa.

Kril

Cuerpo casi transparente

Patas diminutas

Dos ojos brillantes

El kril vive en grupos enormes. Muchos de ellos pueden emitir destellos con el cuerpo para ahuyentar a los predadores.

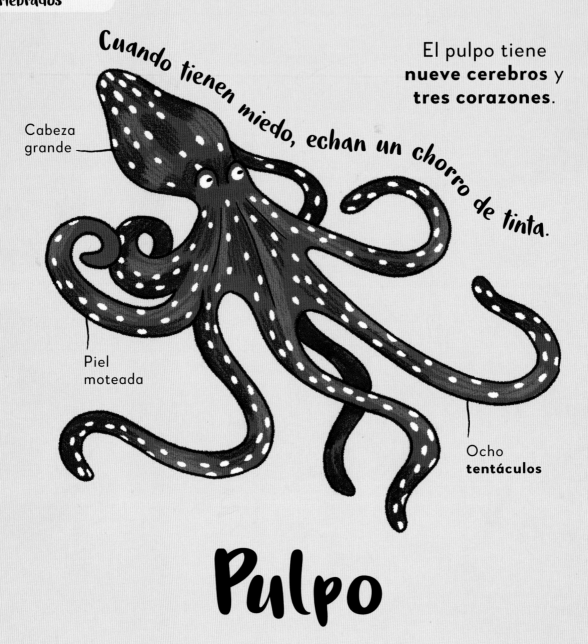

Cuando tienen miedo, echan un chorro de tinta.

El pulpo tiene **nueve cerebros** y **tres corazones**.

Cabeza grande

Piel moteada

Ocho **tentáculos**

Pulpo

Los pulpos nadan por el agua propulsándose con sus ocho brazos. Cada uno de ellos, llamados tentáculos, tiene **ventosas** pegajosas que usa para moverse y atrapar presas.

Sepia

Aleta larga

Esta inteligente criatura sería magnífica jugando al escondite: ¡**cambia** de color para parecerse a las rocas o a la arena del lecho marino!

Todos estos invertebrados de cuerpo blando son moluscos.

Nautilo

El nautilo cuenta con casi cien brazos, o **tentáculos**, que saca de su duro caparazón para atrapar comida.

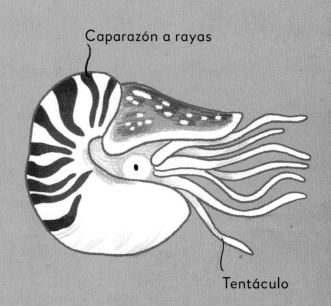

Caparazón a rayas

Tentáculo

Todos estos animales también son moluscos.

Caracol

Los caracoles pueden esconder su cuerpo en su duro caparazón. Producen **baba**, sobre la que se deslizan para desplazarse.

Caparazón en espiral

Las babosas notan lo que hay a su alrededor con sus dos antenas.

Babosa

Avanzan moviendo el cuerpo en **ondas** musculares que van de la cola a la cabeza. Viven en lugares húmedos.

Pie

Piel gris lisa

Mejillón

Los mejillones viven en la orilla del mar. **Filtran** el agua para comer.

Cada mejillón tiene dos duras valvas.

Nudibranquio

Estas coloridas babosas viven en el **lecho marino**. Respiran a través de la piel o de las branquias.

Branquias en la espalda

Piel naranja y rugosa

Piel lisa y a rayas

El cuerpo de la medusa se llama **umbrela**.

Medusa

Las blandas medusas no tienen ni cerebro, ni corazón, ni huesos, ni ojos. Se dejan **llevar** por la corriente del mar.

Tentáculos venenosos

Las plumas de mar **brillan** en la oscuridad cuando las tocan.

Ramas de tentáculos

Pluma de mar

Las plumas de mar viven en el lecho marino. Con sus tentáculos atrapan la comida que **flota** cerca.

Tallo largo

Anémona

Las anémonas viven en aguas **poco profundas**. No se quedan en un lugar, sino que se mueven por el fondo.

Los tentáculos ocultan la boca de la anémona.

Coral

Las aguas tropicales están llenas de colonias de corales. Estos animales pueden crear unas formaciones enormes, llamadas arrecifes.

Tentáculos pegajosos para atrapar alimento

Extintos

Estos son algunos de los muchos animales que, por desgracia, ya han desaparecido.

El triceratops era un **dinosaurio** herbívoro con tres largos cuernos. Vivió hace millones de años.

Cuerno

Cola gruesa

Triceratops

Colmillos curvos

Trompa larga

Mamut lanudo

Esta bestia del tamaño de un elefante vivió hace **miles** de años en tierras gélidas. Los humanos antiguos cazaban mamuts.

Estas **aves** tenían más o menos el tamaño de un pavo. Los humanos las cazaron hasta 1662, que es cuando se vio el último dodo.

Dodo

Pico grande

Uñas en las patas

En peligro

Solo queda una pequeña cantidad de estos animales. Puede que se extingan pronto.

Actualmente los ajolotes solo sobreviven en unos pocos lagos. El **agua sucia** de las ciudades vecinas les dificulta la vida.

Branquias para respirar

Ajolote

Sin aleta dorsal

La curiosidad de estas marsopas es que viven en un río. Muchas quedan atrapadas por accidente en **redes de pesca**.

Marsopa sin aleta del Yangtze

Cuerno

Rinoceronte de Java

Es uno de los animales **más raros** de la Tierra. Solo quedan unos 60. Cada uno tiene su propio nombre, y así es más fácil seguirlos y protegerlos.

Glosario

aleta dorsal
Aleta de la espalda de los peces y mamíferos marinos que les sirve para equilibrarse al nadar.

armadura
Cobertura de protección que tiene un animal.

camuflarse
Cuando un animal se oculta en el entorno.

ciénaga
Área de tierra húmeda y barro donde crecen las plantas.

columna vertebral
Huesos de la espalda de un animal.

crisálida
Etapa de crecimiento en el paso de oruga a mariposa.

desierto
Lugar cálido o frío en el que apenas llueve.

esqueleto
Estructura ósea del cuerpo de un animal.

hábitat
Lugar idóneo para que vivan unos animales concretos. Por ejemplo, los tiburones viven en hábitats oceánicos.

impermeable
Que no deja pasar el agua. Por ejemplo, la piel es impermeable.

laguna
Área de aguas poco profundas, similar a una charca.

madriguera
Agujero cavado en el suelo en el que vive un animal.

molusco
Invertebrado, de cuerpo blando y, a menudo, caparazón duro.

néctar
Líquido dulce de las flores.

nocturno
Animal que duerme de día y está despierto de noche.

pradera
Espacio abierto cubierto de hierba y flores.

predador
Animal que caza otros animales.

presa
Animal cazado por otro animal.

sabana
Gran área de tierra plana con pocos árboles, típica de lugares calurosos.

selva tropical
Área con muchos árboles donde llueve mucho.

sensible
Cuando un animal puede notar cosas minúsculas usando el sentido del tacto.

sentidos
Percepción que tiene del mundo un animal a través de los cinco sentidos: vista, olfato, gusto, oído y tacto.

silvestre
Animal que vive libre en el mundo.

transparente
Que se ve a través.

tropical
Clima o hábitat cálido y húmedo.

veneno
Líquido venenoso.

venenoso
Si algo es venenoso, contiene veneno, una sustancia que mata o perjudica a los seres vivos. También, animal que puede inyectar veneno mordiendo o picando.

Índice de animales

Texto Zeshan Akhter
Ilustración Jean Claude, Livi Gosling,
Kaja Kajfez, Charlotte Milner, Marc Pattenden,
Sandhya Prabhat, Kate Slater, Sara Ugolotti

Edición Katie Lawrence
Diseño Sonny Flynn
Diseño sénior y diseño de cubierta Elle Ward
Asistencia editorial Kieran Jones
Asistencia de diseño Sif Nørskov, Holly Price
Coordinación de publicaciones Issy Walsh
Dirección editorial Jonathan Melmoth
Dirección editorial de arte Diane Peyton Jones
Edición de producción Dragana Puvacic
Control de producción Magdalena Bojko
Subdirección de arte Mabel Chan
Dirección de publicaciones Sarah Larter

Asesoramiento educativo Penny Coltman

De la edición en español:
Coordinación editorial Cristina Sánchez Bustamante
Asistencia editorial y producción Malwina Zagawa

Servicios editoriales Tinta Simpàtica
Traducción Ruben Giró Anglada

Publicado originalmente en Gran Bretaña
en 2022 por Dorling Kindersley Limited
DK, One Embassy Gardens, 8 Viaduct Gardens,
Londres, SW11 7BW
Parte de Penguin Random House

Copyright © 2022 Dorling Kindersley Limited
© Traducción española: 2023 Dorling Kindersley Limited

Título original: *The Bedtime Book of Animals*
Primera edición: 2023

ISBN: 978-0-7440-7918-0

Impreso y encuadernado en China

Para mentes curiosas

www.dkespañol.com

Agradecimientos

DK quiere agradecer a Helen Peters por el índice
y a Caroline Hunt por la revisión.

Copyright de las ilustraciones © Charlotte Milner 2018:
11 Oso pardo. **26** Oso pardo. **122** Abejorro.
Cubierta Abejorro.

Copyright de las ilustraciones © Sandhya Prabhat 2020:
69 Loro. **73** Cacatúa. **72** Loros. **91** Iguana azul.
95 Iguanas. **Cubierta** Loros.

Copyright de las ilustraciones © Kate Slater 2020:
18-19 Perros. **39** Jirafa. **52** Conejo. **60-61** Oso
hormiguero. **62-63** Elefantes. **80** Condor andino, milano
real. **81** Cóndor real. **122** Mosca, hormiga voladora.
Cubierta Perro, jirafa.

Copyright de las ilustraciones © Kate Slater 2022:
4-5 Árbol de la vida. **11** Ratón. **27** Oso polar.
53 Liebres. **54-55** Roedores. **60-61** Perezoso, armadillo.
69 Águila calva. **70-71** Pájaros cantores. **81** Águila calva,
halcón peregrino. **84** Flamencos. **85** Cisnes, gansos,
patos. **109** Gran tiburón blanco. **117** Tiburones. **118**
Mantis religiosa. **123** Mantis religiosa, Crisopa verde,
Avispa. **Cubierta** Flamencos.

Resto de las imágenes © Dorling Kindersley
Para más información, ver www.dkimages.com